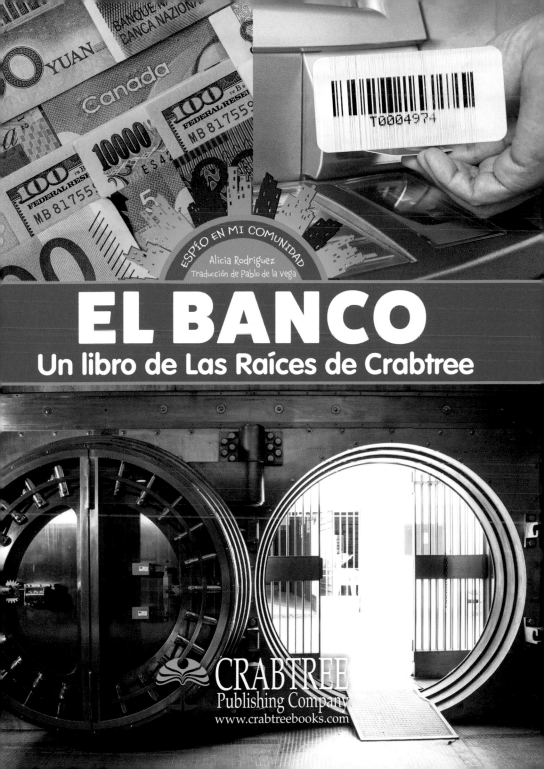

ESPÍO EN MI COMUNIDAD

Alicia Rodriguez
Traducción de Pablo de la vega

EL BANCO
Un libro de Las Raíces de Crabtree

CRABTREE
Publishing Company
www.crabtreebooks.com

Apoyos de la escuela a los hogares para cuidadores y maestros

Este libro ayuda a los niños en su desarrollo al permitirles practicar la lectura. Abajo están algunas preguntas guía para ayudar al lector a fortalecer sus habilidades de comprensión. En rojo hay algunas opciones de respuesta.

Antes de leer:

- ¿De qué pienso que tratará este libro?
  - *Pienso que este libro es sobre lo que ves cuando vas al banco.*
  - *Pienso que este libro es sobre para qué sirve un banco.*
- ¿Qué quiero aprender sobre este tema?
  - *Quiero aprender qué hay dentro de un banco.*
  - *Quiero aprender qué tan grande puede ser un banco.*

Durante la lectura:

- Me pregunto por qué...
  - *Me pregunto por qué hay distintos tipos de bancos.*
  - *Me pregunto por qué algunos bancos tienen cajas de seguridad.*
- ¿Qué he aprendido hasta ahora?
  - *Aprendí que puedo depositar un cheque en el banco.*
  - *Aprendí que los bancos mantienen el dinero seguro.*

Después de leer:

- ¿Qué detalles aprendí de este tema?
  - *Aprendí que puedo usar una tarjeta bancaria en el banco.*
  - *Aprendí que puedo sacar dinero de un cajero automático.*
- Lee el libro una vez más y busca las palabras del vocabulario.
  - *Veo la palabra **banco** en la página 3 y la palabra **cheque** en la página 7. Las demás palabras del vocabulario están en la página 14.*

Vamos al **banco**.

Podemos depositar dinero en el banco.

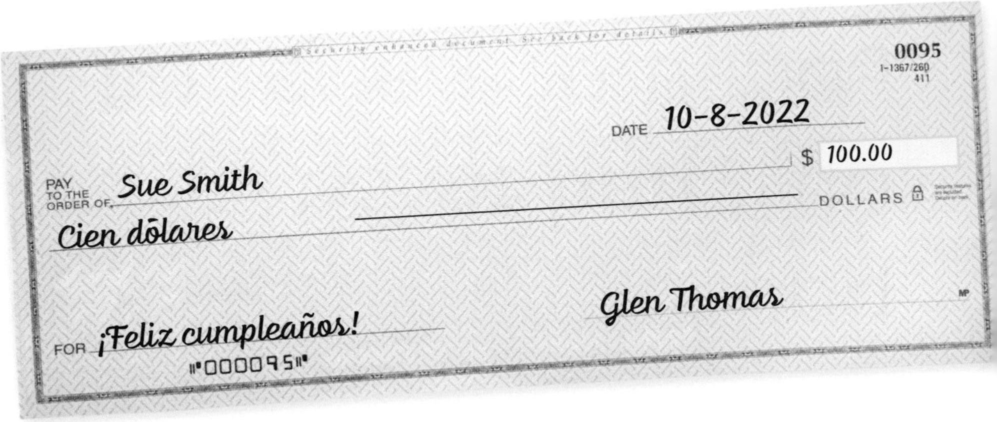
Security enhanced document. See back for details.
0095
1-1367/260
411
DATE 10-8-2022
$ 100.00
PAY TO THE ORDER OF Sue Smith
DOLLARS
Cien dólares
Glen Thomas
FOR ¡Feliz cumpleaños!
000095

Podemos depositar un **cheque** en el banco.

Podemos usar nuestra **tarjeta bancaria**.

Podemos sacar dinero del **cajero automático**.

Podemos poner cosas en una **caja de seguridad**.

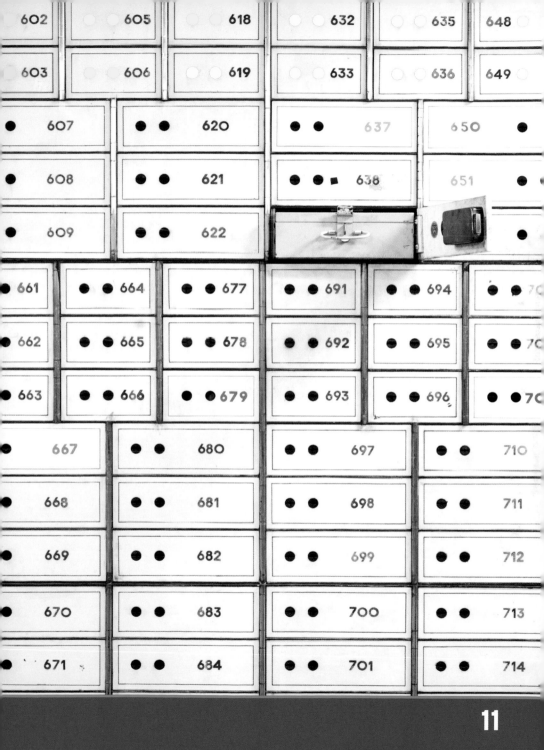

El banco mantiene
seguro nuestro dinero.

Lista de palabras

Palabras de uso común

al	en	sacar
cosas	mantiene	un
del	nuestra	una
depositar	nuestro	usar
dinero	podemos	vamos
el	poner	

Palabras para conocer

banco

caja de seguridad

cajero automático

cheque

tarjeta bancaria

41 palabras

Vamos al **banco**.

Podemos depositar dinero en el banco.

Podemos depositar un **cheque** en el banco.

Podemos usar nuestra **tarjeta bancaria**.

Podemos sacar dinero del **cajero automático**.

Podemos poner cosas en una **caja de seguridad**.

El banco mantiene seguro nuestro dinero.

Written by: Alicia Rodriguez

Designed by: Rhea Wallace

Series Development: James Earley

Proofreader: Janine Deschenes

Educational Consultant:
Marie Lemke M.Ed.

Translation to Spanish:
Pablo de la Vega

Spanish-language layout and
proofread: Base Tres

Print and production coordinator:
Katherine Berti

Photographs:
Shutterstock: Dmitry Rukhlenko: cover (top left and right); Pablo Wilson: cover (bottom); Anton Violin: p. 3, 14; Jason Kolenda: p. 5; jimeone: p. 6, 14; tanja-v: p. 8, 14; goffkein.pro: p. 9, 14; worldpics: p. 11, 14; Andrey_Popov: p. 13

Library and Archives Canada Cataloguing in Publication
Title: El banco / Alicia Rodriguez ; traducción de Pablo de la Vega.
Other titles: Bank. Spanish
Names: Rodriguez, Alicia (Children's author), author. | Vega, Pablo de la, translator.
Description: Series statement: Espío en mi comunidad | Translation of: Bank. | "Un libro de las raíces de Crabtree". | Text in Spanish.
Identifiers: Canadiana (print) 20210248092 |
 Canadiana (ebook) 20210248106 |
 ISBN 9781039615618 (hardcover) |
 ISBN 9781039615670 (softcover) |
 ISBN 9781039615731 (HTML) |
 ISBN 9781039615793 (EPUB) |
 ISBN 9781039615854 (read-along ebook)
Subjects: LCSH: Banks and banking—Juvenile literature.
Classification: LCC HG1609 .R6318 2022 | DDC j332.1—dc23

Library of Congress Cataloging-in-Publication Data
Names: Rodriguez, Alicia (Children's author), author. | Vega, Pablo de la, translator.
Title: El banco / written by Alicia Rodriguez ; translation to Spanish: Pablo de le Vega.
Other titles: Bank. Spanish
Description: New York, NY : Crabtree Publishing, [2022] | Series: Espío en mi comunidad - un libro de las raíces de Crabtree | Includes index.
Identifiers: LCCN 2021027971 (print) |
 LCCN 2021027972 (ebook) |
 ISBN 9781039615618 (hardcover) |
 ISBN 9781039615670 (paperback) |
 ISBN 9781039615731 (ebook) |
 ISBN 9781039615793 (epub) |
 ISBN 9781039615854
Subjects: LCSH: Banks and banking--Juvenile literature. | Money--Juvenile literature.
Classification: LCC HG1609 .R6318 2022 (print) | LCC HG1609 (ebook) |
 DDC 332.1--dc23
LC record available at https://lccn.loc.gov/2021027971
LC ebook record available at https://lccn.loc.gov/2021027972

Crabtree Publishing Company

www.crabtreebooks.com   1-800-387-7650

Printed in the U.S.A./092021/CG20210616

Published in the United States
Crabtree Publishing
347 Fifth Avenue, Suite 1402-145
New York, NY, 10016

Published in Canada
Crabtree Publishing
616 Welland Ave.
St. Catharines, Ontario L2M 5V6